全国中等职业技术学校汽车类专业教材

# 汽车空调习题册

中国劳动社会保障出版社

**图书在版编目(CIP)数据**

汽车空调习题册/卫云贵主编. —北京：中国劳动社会保障出版社，2016
全国中等职业技术学校汽车类专业教材
ISBN 978-7-5167-2684-6

Ⅰ. ①汽… Ⅱ. ①卫… Ⅲ. ①汽车空调-中等专业学校-习题集 Ⅳ. ①U463.85-44

中国版本图书馆 CIP 数据核字(2016)第 194852 号

**中国劳动社会保障出版社出版发行**
(北京市惠新东街 1 号 邮政编码：100029)

*

郑州市运通印刷有限公司印刷装订 新华书店经销

787 毫米×1092 毫米 16 开本 2.5 印张 58 千字
2016 年 8 月第 1 版 2023 年12月第11次印刷
**定价：5.00 元**

营销中心电话：400-606-6496
出版社网址：http://www.class.com.cn
http://jg.class.com.cn

# 目　录


项目一　汽车空调的使用与日常维护 ……………………………………（1）

项目二　汽车空调制冷系统的检查与补给 ………………………………（4）

项目三　空调制冷系统主要部件的检修 …………………………………（7）

项目四　手动空调控制电路的故障诊断与排除 …………………………（11）

项目五　空调暖风及通风配气系统的检修 ………………………………（21）

项目六　自动空调电控系统的故障检测与诊断 …………………………（24）

# 项目一　汽车空调的使用与日常维护

## 一、填空题（将正确答案填写在横线上）

1. 汽车空调的主要功能是调节车内空气的________、________、________和循环净化车内空气。

2. 汽车空调通过暖风装置使车内温度在冬季达到______以上，并能除去风窗玻璃上的霜（雾）；在夏季通过制冷装置使车内温度保持在______左右。

3. 常用温标有___________、___________和___________三种，例如现在的环境温度为30℃，那么换算成华氏温标是______。

4. 空调系统的制冷过程是利用制冷剂在__________内低压下蒸发，不断__________________的过程来制冷的。

5. 制冷系统的作用是利用制冷剂蒸发时_________，实现降低车内温度的目的。

6. 汽车空调系统控制装置主要由___________和__________________两大部分组成。电气控制系统根据驾驶员操作_______________的指令来控制各个执行元件的工作情况。

7. 汽车空调根据是否由发动机驱动分为_____________和_____________，轿车上大多采用___________空调。根据调节控制方式不同可分为_____________、___________和___________三种。

8. 空气净化方式有_________和_____________两种。

## 二、判断题（对的打“√”，错的打“×”）

1. 汽车空调就是汽车的制冷系统。（　　）
2. 装有空调的汽车车厢内只需维持适当的温度，湿度无须调节。（　　）
3. 汽车空调制冷系统主要由压缩机、制冷剂、冷凝器、蒸发器和节流装置组成。（　　）
4. 汽车空调系统内凡是有堵塞的地方，该处的外表均会结霜。（　　）
5. 空调出风口的布置采用上暖下凉方式，使冷风吹到乘员头部，暖风吹到乘员脚部。（　　）
6. 汽车空调配气系统的作用是将通风装置引入车内的新鲜空气与冷风、暖风进行有机配合调节，形成冷暖适宜的气流从不同的出风口吹出。（　　）
7. 当温度旋转开关处于最大冷却位置时，应尽量使用鼓风机的高速挡，以免蒸发器因过冷而结冰。（　　）
8. 一般情况下，轿车空调系统所需的动力和驱动汽车的动力都来自同一发动机。（　　）

## 三、选择题

1. 汽车空调制冷系统的作用是（　　）。

A. 除湿　　　B. 调节温度　　　C. 净化空气　　　D. 以上答案都对

2. 在桑塔纳 3000 空调面板中，MODE 按键的功能是（　　）。

A. 压缩机开启按键　　　B. 内外循环选择按键

C. 出风口选择按键　　　D. 温度调节按键

3. 符号的名称是（　　）。

A. 后视镜除霜按钮　　　B. 前风窗除霜/除雾按钮

C. 后风窗除霜/除雾按钮　　　D. 以上都不对

4. 温度单位可以用华氏（℉）和摄氏（℃）表示，计算公式为 $T_f = \frac{9}{5}T_c + 32$，那么 100℃等于（　　）。

A. 112℉　　　B. 212℉　　　C. 202℉　　　D. 以上都不对

5. 开启空调后发现蒸发器排水管口有水滴出，说明（　　）。

A. 发动机漏水　　　B. R12 液体泄漏

C. 制冷循环良好　　　D. 加热器芯漏水

## 四、识图回答问题

根据题图，标注出手动空调和自动空调控制面板上各个按键的名称。

1. 手动空调控制面板

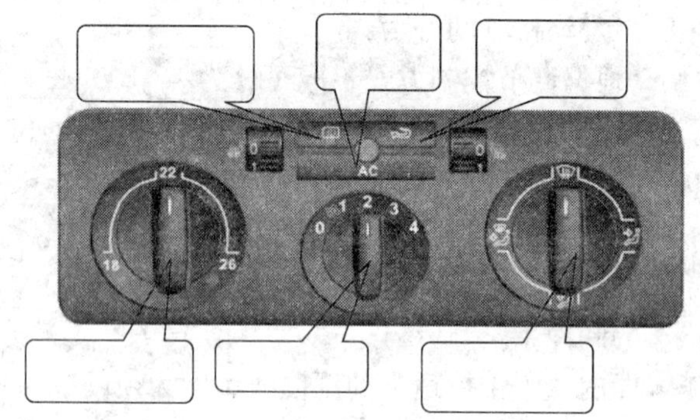


2. 自动空调控制面板

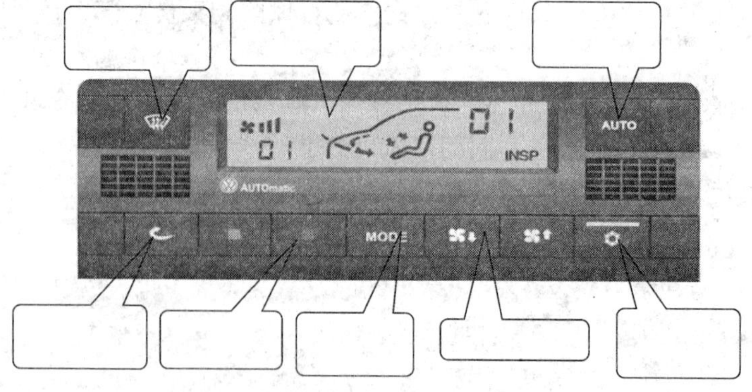

3．在行驶过程中，风窗玻璃起雾或起霜后，应该按下________开关，车内的通风方式应改为_________（内循环/外循环）。

**五、简答题**

简述汽车空调使用注意事项。

# 项目二　汽车空调制冷系统的检查与补给

## 一、填空题（将正确答案填写在横线上）

1. 现代汽车空调根据制冷系统中所采用的节流元件不同分为__________和__________两类。

2. 空调系统初次加注制冷剂前或拆卸更换系统零部件后，必须对系统进行________操作，然后才能加注制冷剂。________操作的目的是把系统中的_______和_______排出。

3. 歧管压力表是由_________、_________、__________、__________、阀体及__________组成。

4. 歧管压力表配有 3 根不同颜色的连接软管，一般蓝色软管用于连接________，红色软管用于连接__________，黄色软管接在中间，连接__________或__________。

5. 外观检漏是指用眼睛查看制冷系统（特别是制冷系统的管接头）部位是否有__________渗漏痕迹的一种检漏方法。

## 二、判断题（对的打“√”，错的打“×”）

1. 在对制冷剂进行回收前，需要启动空调系统运行 3 ~ 5 min，此时发动机需要保持怠速运转。（　）

2. 使用歧管压力表加注制冷剂时，可由低压侧加注气态制冷剂，操作时低压手动阀关闭，而高压手动阀打开。（　）

3. 制冷剂回收后，需要按照环保的相关法规处理被分离的废冷冻机油。（　）

4. 采用抽真空的方法检漏，执行了足够的保压时间后，若系统真空度并无变化，则说明空调系统不泄漏。（　）

5. 制冷剂加注完成，在断开加注设备与制冷装置的连接管后，应用检漏仪检测检修阀有无泄漏。（　）

6. 加注制冷剂前，对空调系统抽真空的目的是为了去除空调系统中的气体。（　）

7. 荧光检漏的优点是定位准确，渗漏点可以直接用眼睛看到，而且使用简单，携带方便，代表了汽车检漏的发展方向。（　）

8. 真空检漏可以直接判断空调系统的泄漏点。（　）

9. 使用 R12 制冷剂的汽车空调制冷系统，可直接换用 R134a 制冷剂。（　）

10. 空调系统拆开后，必须重新抽真空，以清除可能进入空调系统的空气和水分。（　）

11. 汽车空调连接歧管压力表后，压缩机工作时，可以打开高压侧阀门。（　）

12. 作业时，维修人员应配备必要的安全防护设施，如防护手套和防护眼镜等，避免接触或吸入制冷剂和冷冻机油的蒸气及气雾。（　）

13. 真空泵通过降低真空度而除去空调管路中的水分。其工作机理是在真空下，水分将沸腾变为水蒸气，再被真空泵吸走。（　　）

三、选择题

1. 采用抽真空的方法对空调系统进行检漏时，汽车空调系统的真空度一定要（　　）。

A. 低于 -100 kPa　　B. 低于 -90 kPa

C. 高于 -80 kPa　　D. 高于 -90 kPa

2. 在制冷剂加注前需要补充冷冻机油，补油量应为排出量加（　　）mL。

A. 5　　B. 10　　C. 20　　D. 25

3. 汽车空调维护时，操作不规范的是（　　）。

A. 戴防护眼镜　　B. 在通风处

C. 雨天作业　　D. 用冷水冲洗被制冷剂溅到的皮肤

4. 技师甲说，液态制冷剂溅入眼睛会造成冻伤，应立即用水清洗，并及时就医；技师乙说，制冷剂处于气态时是无害的。说法正确的是（　　）。

A. 甲　　B. 乙

C. 两人都正确　　D. 两人都不正确

5. 技师甲说，R12 制冷剂与明火接触会产生有害气体；技师乙说，制冷剂与明火接触会爆炸。说法正确的是（　　）。

A. 甲　　B. 乙

C. 两人都正确　　D. 两人都不正确

6. 汽车空调压缩机吸入低温（　　）制冷剂蒸气。

A. 高压　　B. 中压

C. 低压　　D. 大气压

7. 压缩机将压缩后的高温、高压的（　　）制冷剂送到冷凝器并向外放热。

A. 液态　　B. 气态

C. 固态　　D. 气液混合

8. 制冷剂 R12 是使用广泛的一种制冷剂，被 R134a 取代的主要原因是（　　）。

A. R12 破坏大气臭氧层　　B. R12 对人体伤害太大

C. R12 的物理性质不稳定　　D. 以上答案都对

9. 汽车空调泄漏检查方法有多种，但下列方法中（　　）不能采用。

A. 卤素灯检漏　　B. 电子检漏仪检漏

C. 皂泡检漏　　D. 水压法检漏

10. 抽真空后检查压力表示值变化，如压力有回升，最有可能的是（　　）。

A. 抽真空不彻底　　B. 制冷装置中存在空气

C. 制冷装置中存在泄漏　　D. 制冷装置中存在制冷剂

11. 歧管压力表组的蓝色软管与（　　）连接。

A. 低压检修阀　　B. 高压检修阀

C. 真空泵　　D. 加液制冷剂容器

## 四、简答题

1. 简述汽车空调常用的检漏方法。

2. 简述歧管压力表的作用。

3. 简述制冷剂加注回收机的功用。

# 项目三　空调制冷系统主要部件的检修

## 一、填空题（将正确答案填写在横线上）

1．压缩机的作用是____________________，并使制冷剂在系统内保持循环。

2．曲轴连杆式压缩机的工作过程由______、______、______、______四个过程组成。

3．电磁离合器一般由________、____________和__________三个部分组成，其主要作用是______________________。

4．冷凝器的种类有__________、__________和___________，其中，__________的散热效果最好。

5．储液干燥器是与__________配套使用的，安装在系统的高压侧，主要作用有________、________、_____________，还可以防止_______________进入蒸发器。

6．与膨胀阀相比，孔管没有________、________，而是由一个小孔节流元件和一个网状过滤器组成。孔管只有___________的作用，没有调节___________的功能。

7．蒸发器是一个____________，其作用是将______________________，使之成为_________________，被压缩机吸入。

8．冷凝器的主要功用是______（散热、吸热），它使制冷剂的状态由______态转化为______态。轿车上一般将冷凝器安装在__________之前。

9．集液器一般安装在__________和__________之间，它的主要作用是______________，保证压缩机不产生______。

10．节流装置的作用是降低流过的制冷剂的压力，将制冷系统分隔为______侧和______侧。常用的节流装置有________和______两种。

11．制冷循环中，制冷剂在________中吸收热量，在________中放出热量。

## 二、判断题（对的打“√”，错的打“×”）

1．在安装新的储液干燥器之前，不得过早将其进、出管口的包装打开，以免外界湿空气侵入内部，使之失去吸湿的作用。（　　）

2．储液干燥器和储液器的外观几乎相同，虽然两者的功能在一定程度上是不同的，但可以互换使用。（　　）

3．膨胀阀能控制进入蒸发器内的制冷剂流量，但不能保证蒸发器不结冰。（　　）

4．空调制冷系统运行时，若储液干燥器出现结霜现象，则说明储液干燥器堵塞或损坏。（　　）

5．储液干燥器上装有视液孔，可以用来观察制冷剂量的多少。（　　）

6．安装节流管时，孔管上的箭头标记朝向蒸发器的进口。（　　）

7. 在冷凝器的三种类型中，管带式冷凝器散热效果最好。（　　）

## 三、选择题

1. 斜板式压缩机采用往复式双头活塞，依靠斜板旋转运动，使双头活塞获得（　　）的往复运动。

A. 径向　　B. 轴向　　C. 旋转　　D. 螺旋

2. 在空调制冷装置中，冷凝器与蒸发器之间的连接部件是（　　）。

A. 空调压缩机　　B. 压力开关

C. 恒温器　　D. 节流元件

3. 技师甲说，冷凝器通过散热将高压气态的制冷剂转换为高压液态的制冷剂；技师乙说，节流元件将高压蒸气转换为低压蒸气。说法正确的是（　　）。

A. 甲　　B. 乙

C. 两人都正确　　D. 两人都不正确

4. 技师甲说，储液干燥器进、出口温度变化表明有节流；技师乙说，储存器进、出口温度变化表明有节流。说法正确的是（　　）。

A. 甲　　B. 乙

C. 两人都正确　　D. 两人都不正确

## 四、识图回答问题

1. 根据题图，标注出制冷系统各部件的名称。

| A | | E | | I | |
|---|---|---|---|---|---|
| B | | F | | J | |
| C | | G | | K | |
| D | | H | | | |

2. 如题图所示，根据提示完成空调制冷系统的工作原理。

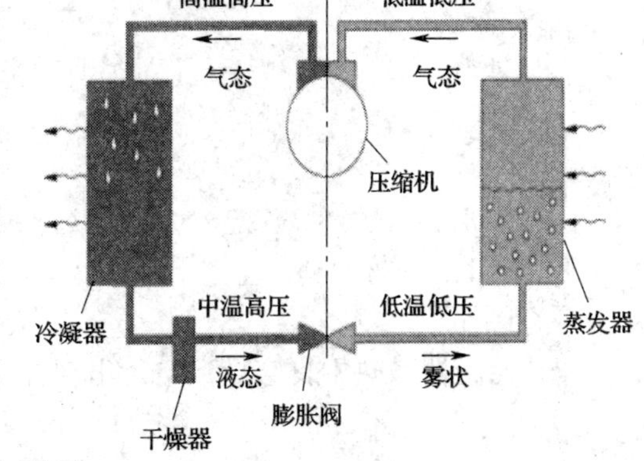


（1）日常生活中，大家都知道物体由气态变成液态要______（吸热、散热），而由液态变成气态要______。

（2）汽车空调制冷系统就是利用制冷剂状态的转化来达到制冷的目的。如题图所示，制冷剂在压缩机内以______（气态、液态）形式存在，经过冷凝器以后以________形式存在，经过膨胀阀以后以______形式存在，经过蒸发器以后变为______________。冷凝器起______作用，蒸发器起______（吸热、散热）作用。

3. 如题图所示，根据提示完成膨胀阀的工作原理。

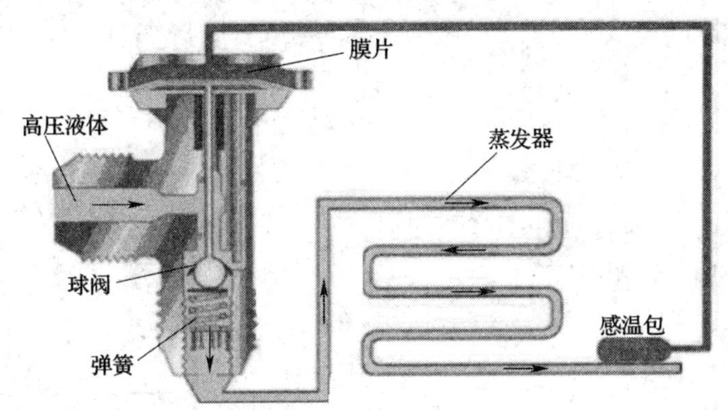


膨胀阀的类型是F型内平衡膨胀阀。膨胀阀的主要作用是____________和自动调节进入蒸发器制冷剂的流量。自动调节原理是根据感温包感测____________的温度，当感测的温度低时，膨胀阀中的膜片______（上移、下移），球阀在弹簧的作用下使阀门开度______（减小、增大），使进入蒸发器的制冷剂______（增多、减少）；反之，当感测的温度高时，膨胀阀中的膜片______，球阀在弹簧的作用下使阀门开度______，使进入蒸发器的制冷剂______（增多、减少），从而起到自动调节的作用。

## 五、简答题

1. 简述压缩机的检查项目。

2. 简述汽车空调系统电磁离合器的工作原理。

3. 冷凝器散热不良会导致空调出现什么故障现象？

4. 简述膨胀阀的作用。

# 项目四　手动空调控制电路的故障诊断与排除

## 一、填空题（将正确答案填写在横线上）

1. 手动空调压缩机电磁离合器控制电路中主要控制元件有__________、环境温度开关、温控开关、__________、风扇控制器等。

2. 电磁离合器用于控制压缩机和_______带轮之间的动力连接。

3. 电磁离合器主要由____________、带轮和_______组成。

4. 温控器的作用是感受蒸发器表面温度，从而控制压缩机电磁离合器的_______，起到调节车内_______与防止蒸发器结霜的作用。

5. 常用的温控器有_______式和_______式两种。

6. 机械压力式温度控制器又称波纹管式温度控制器，主要是利用波纹管的伸长和缩短来__________触点，从而控制制冷装置压缩机的_________。

7. 电子式温度控制器所用的感温元件为一个热敏电阻器，通过小插片插在蒸发器出风口方向的翅片上，用来检测_______出风口_____。

8. 常见的压力开关种类有低压开关、高压开关、_________开关和_________开关。

9. 高压开关有常闭式和常开式两种类型。常闭式高压开关用来控制_________控制电路，常开式高压开关用来控制__________高速运转。

10. 低压开关的作用是控制压缩机不要在缺少_______的情况下运转，以免压缩机因缺乏_________而遭受破坏。

11. 低压回路中的低压开关安装在__________出口至__________吸入侧的低压管路上。

12. 设置压力开关的目的是实现压力控制和_______保护。

13. 高压开关是用来防止系统压力过高而使压缩机_______或系统管路_______。

14. 三重压力开关的作用：一是防止因系统制冷剂泄漏，高压压力_______而损坏压缩机；二是当系统内制冷剂高压异常时，保护_______不受损坏；三是在正常工作状况下，冷凝器风扇低速运转，实现低噪声，节省_______；当系统内高压升高时（即中压时），风扇高速运转，以改善冷凝器的散热条件，实现了风扇的二级变速。

15. 调速电阻器的作用是通过改变串联电阻器的大小，调节鼓风机的_______，从而达到控制鼓风机_______的目的。

16. 水温传感器用来感测冷却水的温度，作为控制冷却风扇__________运转的信号。

17. 风扇控制器是根据____________和____________的信号，控制风扇的高低速运转。

18. 风扇电动机根据风扇控制器发出的信号，降低_________的热量。

19. 按对应关系正确连线。

| | |
|---|---|
| 鼓风机开关 | 用来保护鼓风机开关，防止电流过大时烧坏鼓风机开关 |
| 空调继电器 | 通过改变串联电阻器的大小，调节鼓风机的电压，从而达到控制鼓风机转速的目的 |
| 调速电阻器 | 向汽车内部送风 |
| 鼓风机 | 用来控制鼓风机电路的接通与断开 |

20. 按对应关系正确连线。

| | |
|---|---|
| 水温传感器 | 根据风扇控制器发出的信号，降低冷凝器的热量 |
| 压力开关 | 根据水温开关和压力开关发出的信号，控制风扇的高低速运转 |
| 风扇控制器 | 感测制冷系统的压力，作为控制冷却风扇高低速运转的信号 |
| 风扇电动机 | 感测冷却水的温度，作为控制冷却风扇高低速运转的信号 |

21. 识读以下电路图，并回答问题。

（1）J32 是____________，共有____端子，它是用来控制________的电路。

（2）E9 是____________，共有____端子，它是用来控制______________的电路。E9 从车上拆下以后，用_______检测其好坏。

（3）空调开关的代号是______，受____保险保护。用万用表的电阻挡测 5 和 6 两端子之间的电阻应小于____ Ω。

（4）N23 是_____________________，共有____端子，它用来控制________的转速。用万用表的电阻挡分别连接 1 脚和 2、3、4 脚，其电阻值应依次________。

（5）鼓风机除检测其电阻外，还应检测______________是否良好。

空调继电器、鼓风机电动机、风速开关、鼓风机电动机减速电阻（1~14）

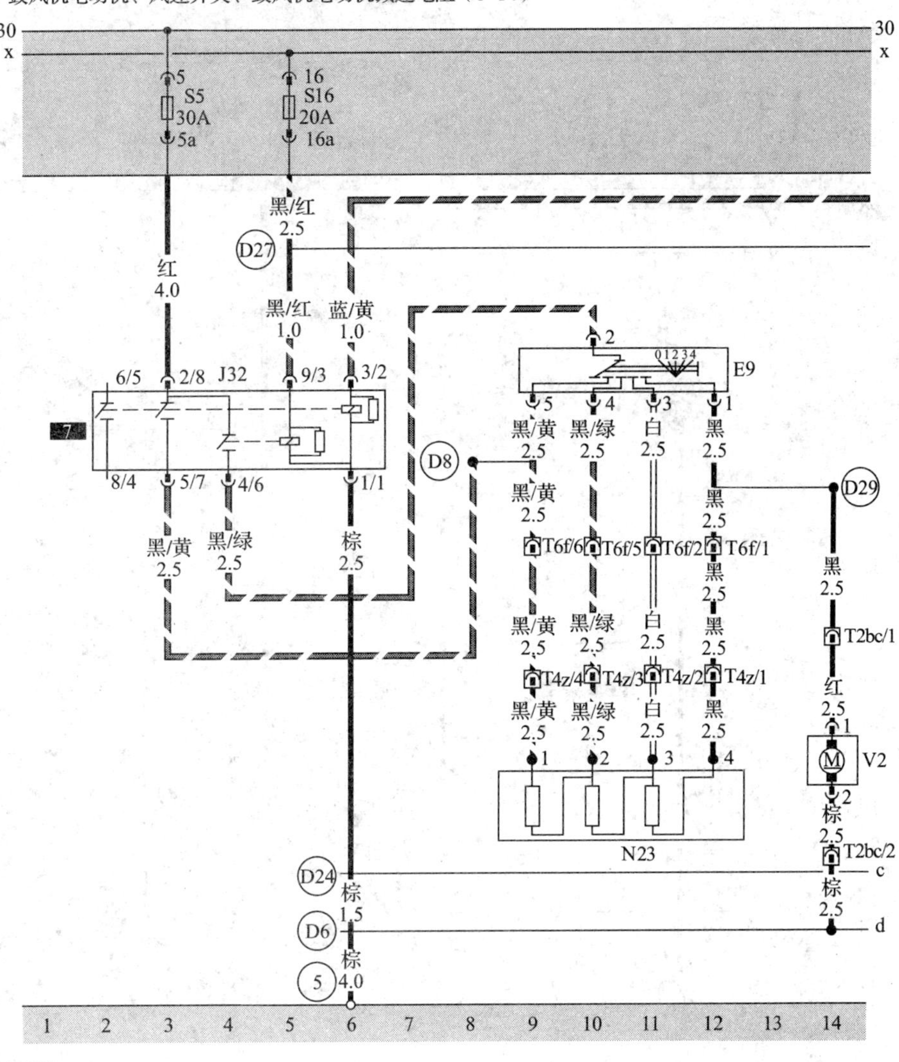


E9——风速开关
J32——空调继电器，在继电器—熔丝支架上7号位（13继电器）
N23— 鼓风机电动机减速电阻
S5——熔丝5，30A，在继电器—熔丝支架上
S16——熔丝16，20A，在继电器 熔丝支架上
T2bc——2针插头，白色，在鼓风机电动机旁
T4z——4针插头，黑色，在空调进风罩前方
T6f——6针插头，黑色，在继电器—熔丝支架顶面上（O号位）
V2——鼓风机电动机

(D6)——接地连接线，在仪表板线束内

(D8)——连接线，在仪表板线束内

(D24)——接地连接线，在仪表板线束内

(D27)——正极连接线（x），在仪表板线束内

(D29)——连接线，在仪表板线束内

(5)——接地点，在左A柱上

桑塔纳3000空调系统电路图

空调A/C开关、内循环开关、冷量开关、室温开关、进风门电磁阀（15~28）

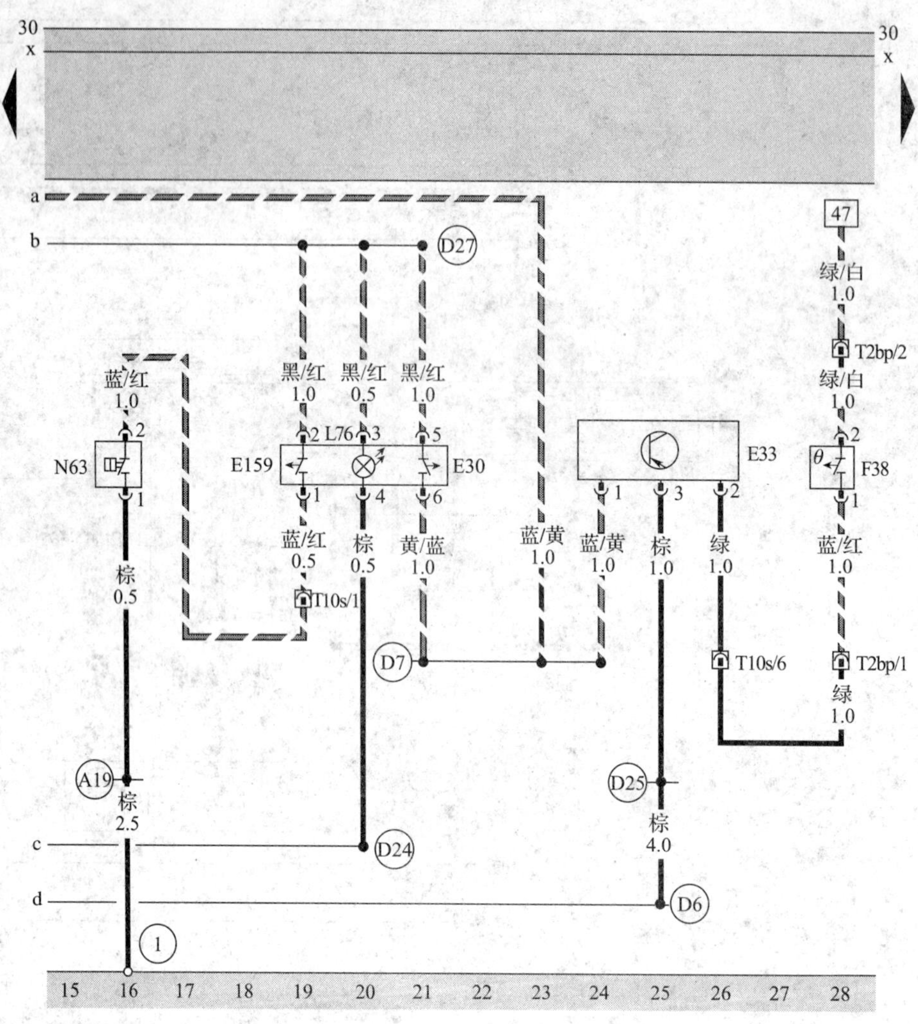


E30——空调A/C开关
E33——冷量开关
E159——内循环开关
F38——室温开关
L76——按钮显示灯
N63——进风门电磁阀
T2bp——2针插头，黑色，在空调进风口左侧
T10s——10针插头，棕色，在继电器—熔丝支架顶面上（J号位）
(A19)——接地连接线，在发动机线束内
(D6)——接地连接线，在仪表板线束内
(D7)——连接线，在仪表板线束内
(D24)——接地连接线，在仪表板线束内
(D25)——接地连接线，在仪表板线束内
(D27)——正极连接线（x），在仪表板线束内
(1)——接地点，在发动机控制单元旁的车身上

桑塔纳 3000 空调系统电路图

22. 识读以下电路图，并回答问题。

（1）E33 是__________，共有___端子，它是用来控制____________的电路。E33 从车上拆下以后，用_______检测其好坏。

（2）F38 是__________，室温开关为_______开关，只有当环境温度低于___ ℃时，开关_______。在室温下，检测该开关应该_________。

（3）压力开关的代号是_______，压力开关不工作时，___脚和___应为接通，___脚和___应为断开。压力开关工作时，在_________状态下，3 脚和 4 脚处于打开状态，这时电磁离合器处于_____状态。在_________状态下，1 脚和 2 脚处于闭合状态，这时电磁离合器处于_____状态。

（4）压缩机切断继电器的 2/30 受发动机电子控制单元 J220、空调开关、_______开关、_______开关、水温控制开关控制。

（5）如题图所示，在下表中写出与风扇控制器各端子相连接的端子，并说明各端子的作用。

| 风扇控制器端子号 | 与其相导通的端子 | 端子作用 |
| --- | --- | --- |
| T4/4 | 蓄电池正极 | 风扇控制器的供电线 |
| T4/2 | | |
| T4/3 | | |
| T10/2 | | |
| T10/3 | | |
| T10/6 | | |
| T10/7 | | |
| T10/8 | | |
| T10/9 | | |
| T10/10 | | |

（6）N25 是____________，用万用表的_____挡测 1 和 2 两端子之间的电阻为_____ Ω，1 脚和_____之间的绝缘应良好。

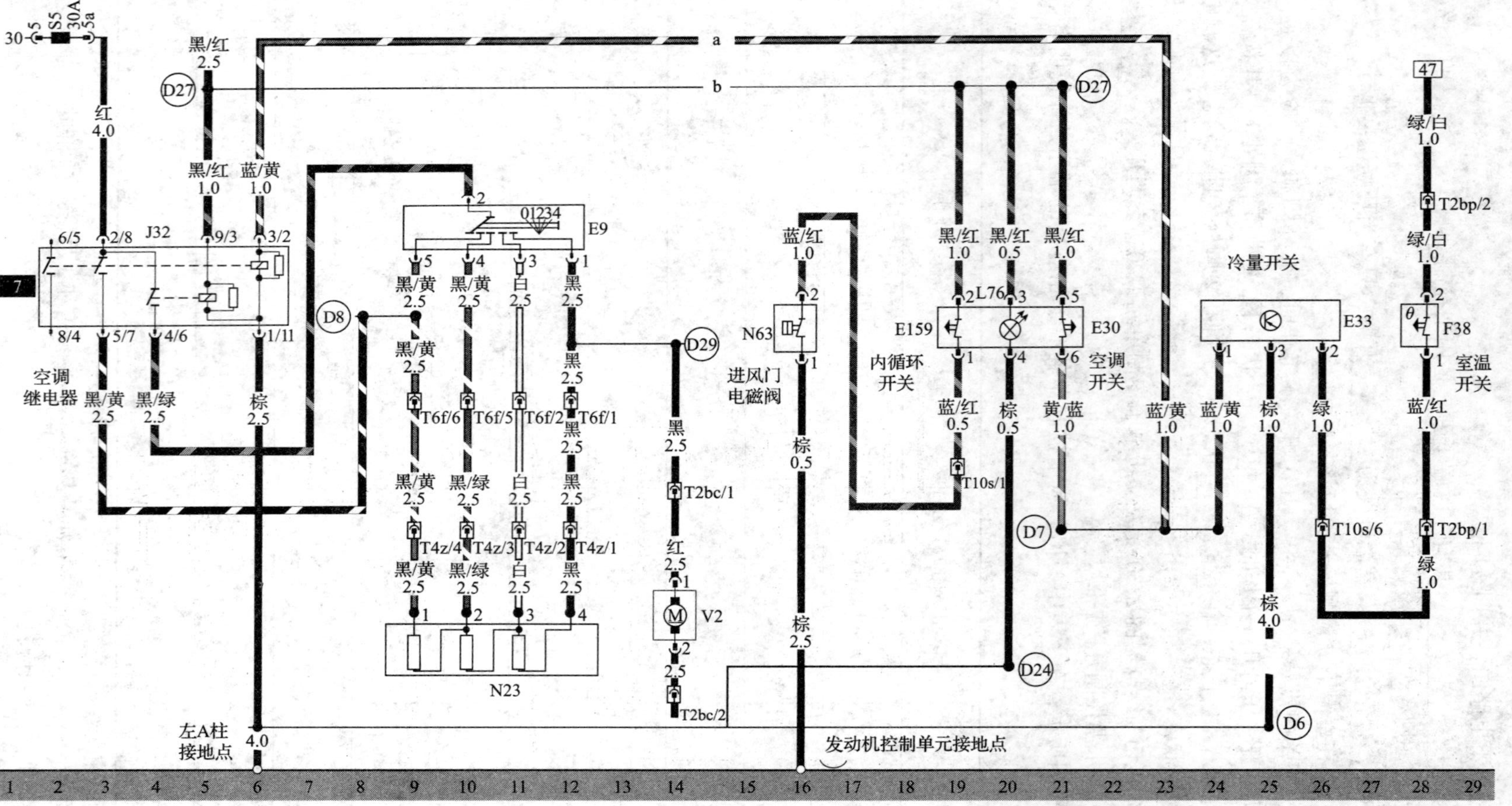


桑塔纳 3000 空调系统电路图

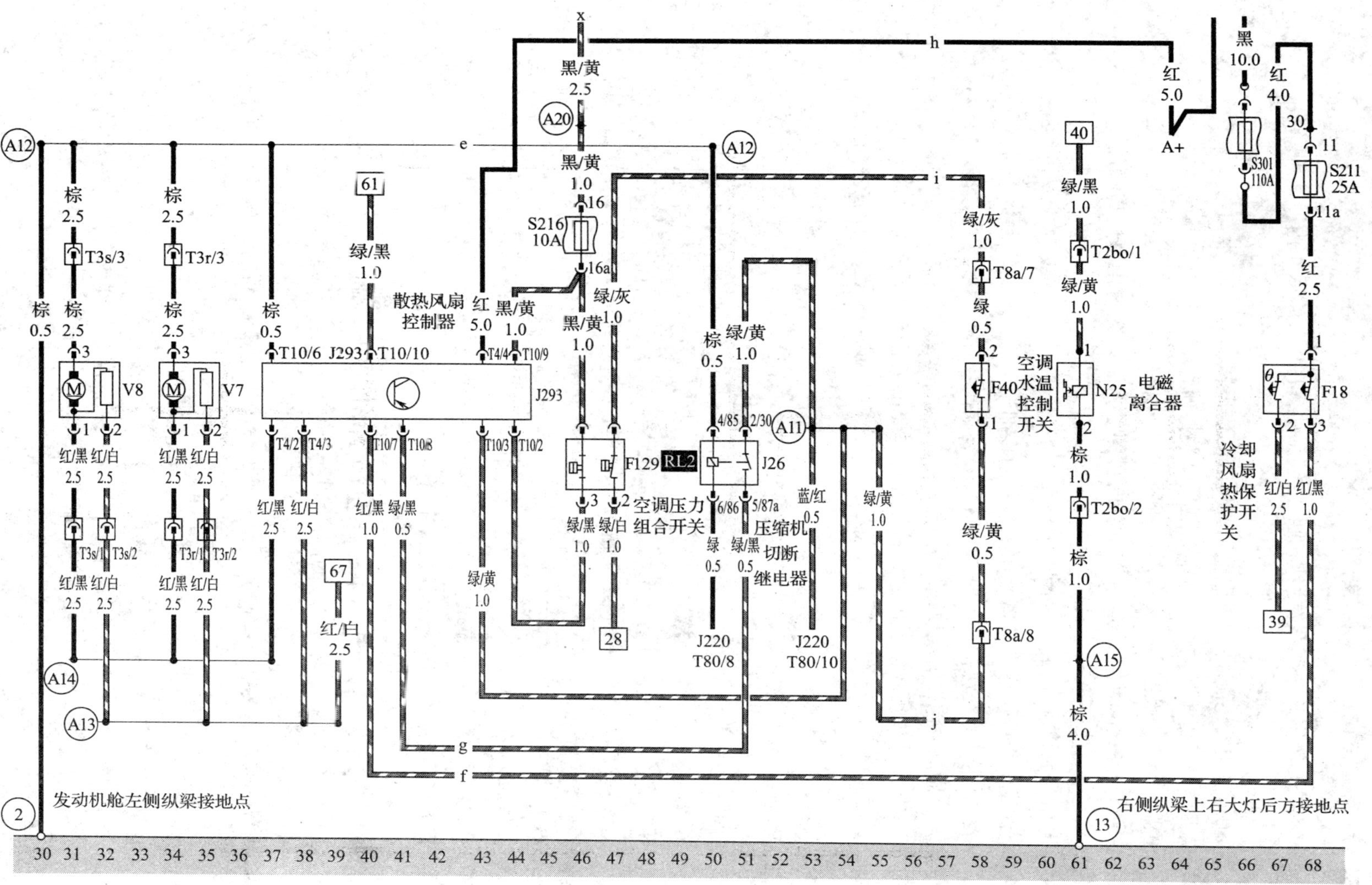

桑塔纳 3000 空调系统电路图

## 二、判断题（对的打“√”，错的打“×”）

1. 鼓风机的作用是加速蒸发器周围的空气流动，将冷气吹入车内，达到降温的目的。（　　）

2. 高压开关用于接通冷却风扇电路，使其高速运转。（　　）

3. 空调压缩机不工作的原因可能是低压开关接通。（　　）

4. 恒温器是用来控制电磁离合器通断的。（　　）

5. 空调制冷系统中设有压力开关电路的目的是，当系统内压力过高时停止空调压缩机的工作。（　　）

6. 空调压缩机的电磁离合器应每季检查一次。（　　）

7. 空调压缩机的电磁离合器是用来控制制冷剂流量的。（　　）

8. 高、低压开关起保护作用时，一般都安装在高压侧。为使结构紧凑，减少接口，把高、低压开关做成一体，组成双重压力开关。（　　）

9. 机械压力式温度控制器的感温控制元件主要由感温毛细管和波纹管构成。（　　）

10. 只要打开空调开关 E30，不开鼓风机开关 E9，鼓风机 V2 只能在 1 挡工作。（　　）

## 三、选择题

1. 由于蒸发器表面温度低，容易出现（　　）现象，影响制冷效果。

A. 结露　　B. 结冰　　C. 结霜　　D. 结水

2. 开空调时，鼓风机有高速无低速，原因可能是（　　）。

A. 熔丝坏　　B. 调速电阻坏　　C. A/C 开关坏　　D. 空调继电器坏

3. 如果发现温度调整不当，那么最有可能需要更换的部件是（　　）。

A. 恒温器　　B. 低压开关　　C. 恒温膨胀阀　　D. 压缩机电磁离合器

4. 温控器能起到调节车内（　　）的作用。

A. 温度　　B. 湿度　　C. 空气质量　　D. 清洁度

5. 感温毛细管一般插在蒸发器翅片中（　　）mm。

A. 20.4　　B. 23.4　　C. 25.4　　D. 27.4

6. 电子式温控器是一个热敏电阻器，当受到温度变化影响时，其（　　）值发生相应变化，进而转化为线路中电压信号的高低变化。

A. 电阻　　B. 电压　　C. 电流

7. 压力开关一般安装在空调（　　）上或储液干燥器上，用来感测制冷系统的工作压力。

A. 低、高压管路　　B. 高压管路

C. 冷凝器　　D. 蒸发器

8. 如果制冷系统压力出现异常时，压力开关触点就会断开或闭合，这时空调系统会自动（　　）压缩机离合器的工作，或控制冷却风扇（　　）运转。

A. 切断　高速　　B. 切断　低速

C. 接通　高速　　D. 接通　低速

9. 环境温度开关（F38）串联在压缩机控制电路中，当大气温度低于某值时（如 -4℃），压缩机不能启动；高于某值时（如 2℃）才能启动。也有的采用车内温度传感器，设定车内温度低于（　　）℃时冷气系统不启动。

A. 10　　B. 15　　C. 18　　D. 20

10. 打开 A/C 开关，如果风扇不运转，电磁离合器工作，问题有可能出在（　　）风扇控制器上。

A. 室温开关　　B. 水温开关

C. 冷凝风扇电动机　　D. 压力开关

11. 若鼓风机只是某挡不工作，其余都正常，原因可能是（　　）。

A. 风速开关坏　　B. 水温开关坏

C. 空调开关坏　　D. 压力开关坏

## 四、简答题

1. 简述电磁离合器的工作原理。

2. 导致手动空调电磁离合器不工作的原因有哪些？

3. 导致冷凝器风扇不工作的原因有哪些？

4. 导致鼓风机工作不正常的原因有哪些？

5. 简述空调继电器的工作原理。

6. 根据桑塔纳 3000 空调系统电路图，完成鼓风机处于不同挡位时的电路原理。

（1）鼓风机开关电源电路。

打开点火开关→X 继电器工作→X 线有电→S16 熔丝（20 A）→空调继电器 J32 接线 9/3→J32 线圈→J32 的 1/1→搭铁。空调继电器工作。

（2）鼓风机 1 挡电路。

（3）鼓风机 2 挡电路。

（4）鼓风机 3 挡电路。

（5）鼓风机 4 挡电路。

# 项目五　空调暖风及通风配气系统的检修

## 一、填空题（将正确答案填写在横线上）

1. 汽车空调暖风系统是供＿＿＿＿＿＿和＿＿＿＿＿＿用的，是汽车空调的组成部分。

2. 汽车空调暖风系统按所使用的热源可分为＿＿＿＿和＿＿＿＿。

3. 利用发动机的余热直接供暖的系统称为＿＿＿＿＿＿＿＿，多用于需要热量较＿＿的轿车、货车和中小型客车。

4. 汽车空调配气系统主要由＿＿＿＿＿＿、＿＿＿＿＿＿和＿＿＿＿＿＿三部分组成。

5. 空气混合段主要由＿＿＿＿、＿＿＿＿和＿＿＿＿＿＿组成，其作用是用来调节＿＿＿＿＿＿＿＿＿＿＿＿。

## 二、判断题（对的打“√”，错的打“×”）

1. 现代汽车空调大多采用冷暖一体化空调，暖风系统热水阀已经被取消，即发动机运转，冷却水就会流经加热器芯。（　　）

2. 一般轿车的出风口都设在汽车的头部。（　　）

3. 在轿车上大多采用水暖式暖风系统，利用发动机冷却水的温度进行取暖。（　　）

4. 水暖式暖风系统是通过控制热水阀的开度来改变冷却水的流量，从而控制车内温度的高低。（　　）

## 三、选择题

1. 汽车通风系统一般为（　　）。

A. 自然通风　　B. 强制通风

C. 自然通风和强制通风　　D. 行车通风

2. 技师甲说，空调暖风系统的问题能引起冷却系统问题；技师乙说，冷却系统问题能引起空调暖风系统的问题。说法正确的是（　　）。

A. 甲　　B. 乙

C. 两人都正确　　D. 两人都不正确

## 四、识图回答问题

1. 在题图中写出各个字母所指部件的名称。

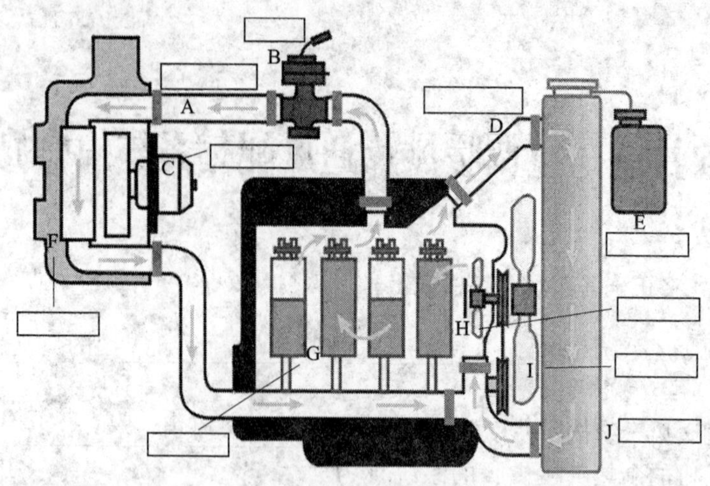


2．对照题图填写暖风系统的工作原理。

不使用暖风时，通过________将发动机内的高温冷却液泵入__________，冷却后的冷却液由散热器的__________________回到发动机。使用暖风时，经发动机上的_________分流出来的高温冷却液送入暖风机的___________，冷空气在____________的作用下，通过加热器的加热后，由不同的出风口吹向乘客脚部和风窗玻璃上，以保持风窗玻璃内侧温度在零点之上，以防________________。在加热器芯中被冷却的冷却液离开加热器，由发动机________________抽回发动机，完成一次循环。

3．根据通风配气系统示意图，回答以下问题。

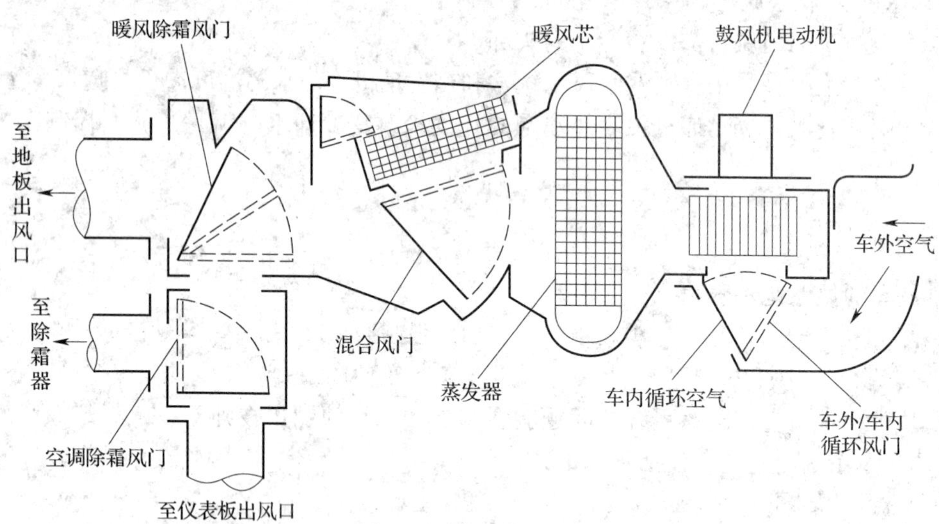


（1）空气进入段主要由图中的哪些部件组成？其主要作用是什么？

（2）空气混合段主要由图中的哪些部件组成？其主要作用是什么？

（3）空气分配段主要由图中的哪些部件组成？其主要作用是什么？

## 五、简答题

简述暖风不热、除霜效能低的故障原因。

# 项目六　自动空调电控系统的故障检测与诊断

## 一、填空题（将正确答案填写在横线上）

1．自动空调系统分为半自动空调系统和全自动空调系统，两者的主要差别在于是否有__________。

2．自动空调电子控制系统由________、空调电子控制单元及________组成。

3．外界温度传感器能提供更为准确的外部温度信号，作为控制_________和新鲜空气鼓风机的参考。

4．中央出风口温度传感器检测中央出风口温度，将温度信号传送给控制与显示单元，用于控制中央出风口的________和新鲜空气鼓风机的驱动功率。

5．蒸发器出口温度传感器为控制单元提供蒸发器出口处空气温度的连续数据，从而进一步修正温度风门的位置，更精确地控制________，减少风窗玻璃的______现象。

6．全自动空调系统常用的传感器有_____温度传感器、新鲜空气进气温度传感器、仪表板温度传感器、_________温度传感器、脚部空间出风口温度传感器、________传感器、蒸发器出口温度传感器等。

7．全自动空调系统常用的执行器有鼓风机控制单元和_______空气鼓风机电动机、新鲜空气风门伺服电动机、_________伺服电动机、中央风门伺服电动机、脚部空间/除霜风门伺服电动机等。

8．在下表中补全帕萨特自动空调故障码的表述。

| 故障码 | 可能的故障原因 | 故障排除 |
|---|---|---|
| 00532<br>供电电压 | 电压调节器故障<br>空调控制单元 J255 导线或插头故障 | 用“读取测量数据块”检查供电电压（15 号线）<br>检查电压调节器<br>按电路图查找控制单元的导线和插头 |
| 00603<br>脚部空间/除霜<br>风门伺服<br>电动机 V85 | | 进行执行元件诊断，用“读取测量数据块”检查 V85<br>按电路图查找导线和插头<br>进行执行元件诊断<br>更换 V85，然后选择 04 进行基本设定 |
| 00779<br>外界温度<br>传感器 G17 | 找到外界温度传感器 G17 的导线或插头，对正极短路或断路<br>G17 损坏 | |
| 00787<br>新鲜空气进气<br>温度传感器 G89 | | 用“读取测量数据块”检查 G89<br>按电路图查找导线和插头<br>用“读取测量数据块”检查 G89<br>更换 G89 |

续表

| 故障码 | 可能的故障原因 | 故障排除 |
| --- | --- | --- |
| 00792<br>空调压力<br>开关 F129 | | 用“读取测量数据块”检查 F129<br>按电路图查找导线和插头<br>检查发动机冷却系统<br>更换 G22，更换 F129 |
| | 此显示仅在查询故障存储器前，进行执行元件诊断时压力开关不能被检测才会出现（如环境温度低于 12℃），该故障在关闭点火开关后可消除 | |
| 00797<br>阳光照度<br>传感器 G107 | 找到阳光照度传感器 G107 的导线或插头，对正极短路或断路<br>G107 损坏 | |
| 01206<br>临时故障码 | 如果 ABS 警报灯 K47 或制动系统警报灯 K81 也指示该故障，则组合仪表损坏，故障同样存储到故障存储器 02<br>导线或插头短路或断路<br>空调控制单元 J255 损坏 | |
| 01271<br>温度风门伺服<br>电动机 V68 | | 用“读取测量数据块”检查 V68<br>按电路图查找导线和插头<br>安装后检查 V68 的止点位置，执行元件诊断 03<br>更换 V68，执行 04 功能，基本设定 |
| 01272<br>中央风门伺服<br>电动机 V70 | 找到中央风门伺服电动机 V70 的导线短路、断路或插头故障<br>V70 卡死<br>V70 损坏 | |
| 01273<br>新鲜空气鼓风机<br>V2 或鼓风机控制<br>单元 J126 | | 用“读取测量数据块”检查 V2<br>按电路图查找导线和插头<br>执行元件诊断 03<br>更换 J126 或 V2 |
| 01274<br>空气风门伺服<br>电动机 V71 | 找到空气风门伺服电动机 V71 的导线短路、断路或插头故障<br>V71 卡死<br>V71 损坏 | |
| 01296<br>中央出风口温度<br>传感器 G191 | | 依次执行下列功能：<br>07——控制单元编码<br>04——基本设定 |
| 01297<br>脚部空间出风口<br>温度传感器 G192 | | 用“读取测量数据块”检查 G192<br>按电路图查找导线和插头<br>更换 G192 |
| 65535<br>空调控制<br>单元 J255 | 找到空调控制单元 J255 的导线或插头，做故障检查<br>J255 损坏 | |

9. 按对应关系正确连线。

| | |
|---|---|
| 外界温度传感器 G17 | 在停车或低速行驶时，它能提供更为准确的外部温度信号，以保证车内均可得到最佳空气调节 |
| 新鲜空气进气温度传感器 G89 | 检测室内温度，将温度信号送给控制与显示单元，作为控制温度风门和新鲜空气鼓风机的参考 |
| 仪表板温度传感器 G56 | 检测中央出风口温度，将温度信号传送给控制与显示单元，用于控制中央出风口的空气分配和新鲜空气鼓风机的驱动功率 |
| 中央出风口温度传感器 G191 | 检测脚部出风口温度，将温度信号传送给控制与显示单元，用于控制除霜器和脚部空间的空气分配和新鲜空气鼓风机的驱动功率 |
| 脚部空间出风口温度传感器 G192 | 将阳光照度转变成电信号，并传送给控制与显示单元，以修正控制温度风门的位置和新鲜空气鼓风机的转速 |
| 阳光照度传感器 G107 | 汽车行驶时，它能提供更为准确的外部温度信号，作为控制温度风门和新鲜空气鼓风机的参考 |

10. 新鲜空气风门伺服电动机 V71 通过带两个导向槽的驱动盘同时控制＿＿＿＿＿＿风门和＿＿＿＿＿＿＿＿＿＿＿风门。

11. 温度风门伺服电动机 V68 用于改变＿＿＿空气的混合，保证车内温度在所有运行状态下保持大致的＿＿＿。

12. 中央风门伺服电动机 V70 用于控制流至＿＿＿＿＿、侧面或＿＿＿＿＿＿出风口的空气分配。

13. 脚部空间/除霜风门伺服电动机 V85 用于＿＿＿＿＿＿或＿＿＿＿＿＿＿＿＿的空气分配。

14. 完成下表中自动空调基本检查内容。

| 检查名称 | 检查项目 | 检查内容 |
|---|---|---|
| 压缩机 | 油封 | |
| | 运转 | |
| 制冷循环系统 | 制冷剂量 | |
| | 储液干燥器 | |
| 电气系统 | 压力开关 | |
| | 热敏电阻开关 | |
| | 电磁阀 | |
| | 鼓风机 | |
| | 冷凝器风扇 | |
| 传动机构 | 电磁离合器 | |
| | 传动带 | |

15. 自动空调自诊断检查一般有＿＿＿＿＿及＿＿＿＿＿两种形式。

16. 识读以下电路图，并回答问题。

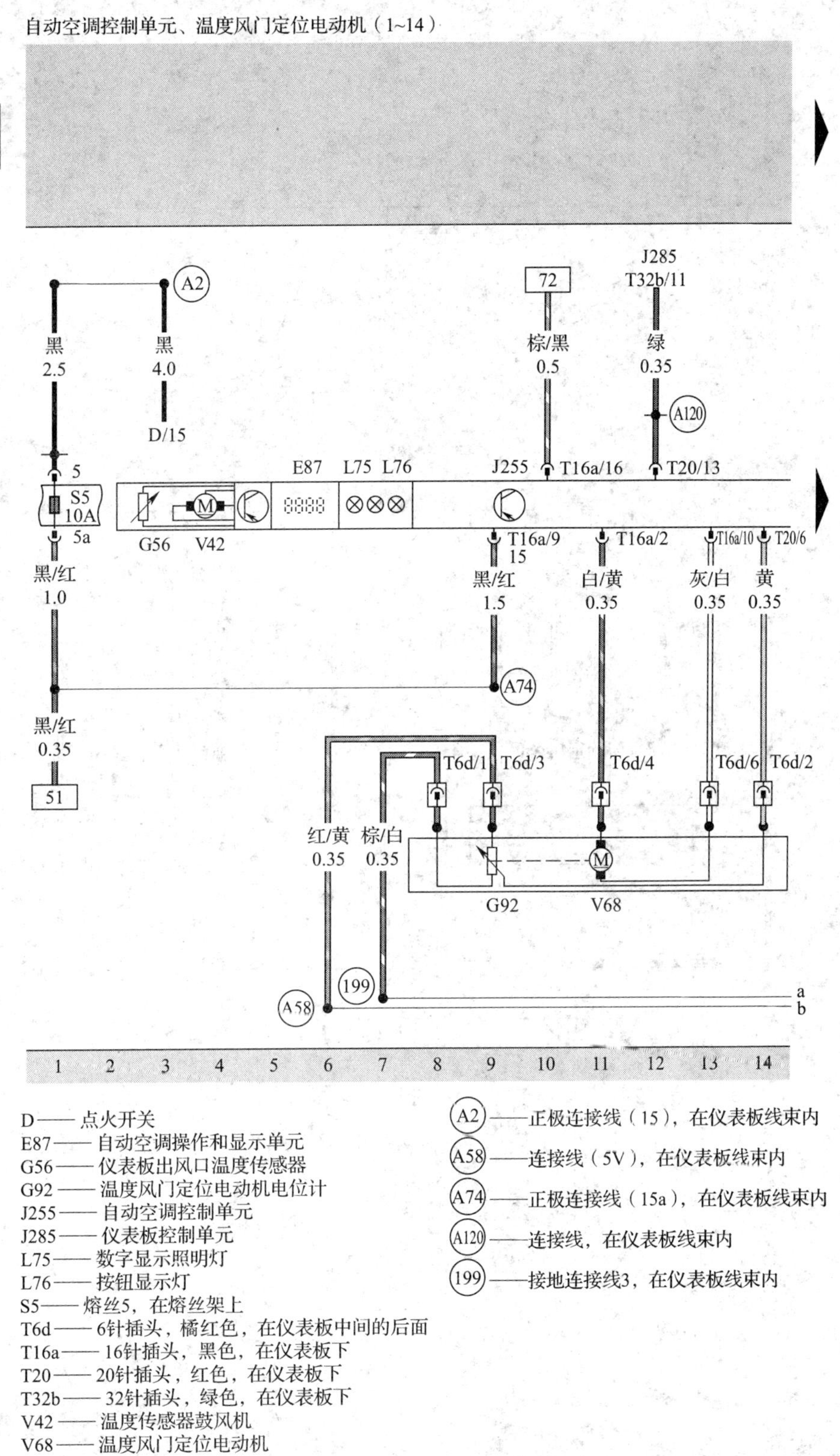


帕萨特 B5 自动空调系统电路图

自动空调控制单元、脚部/除霜及中央风门定位电动机、发动机控制单元控制压缩机的通断（15~28）

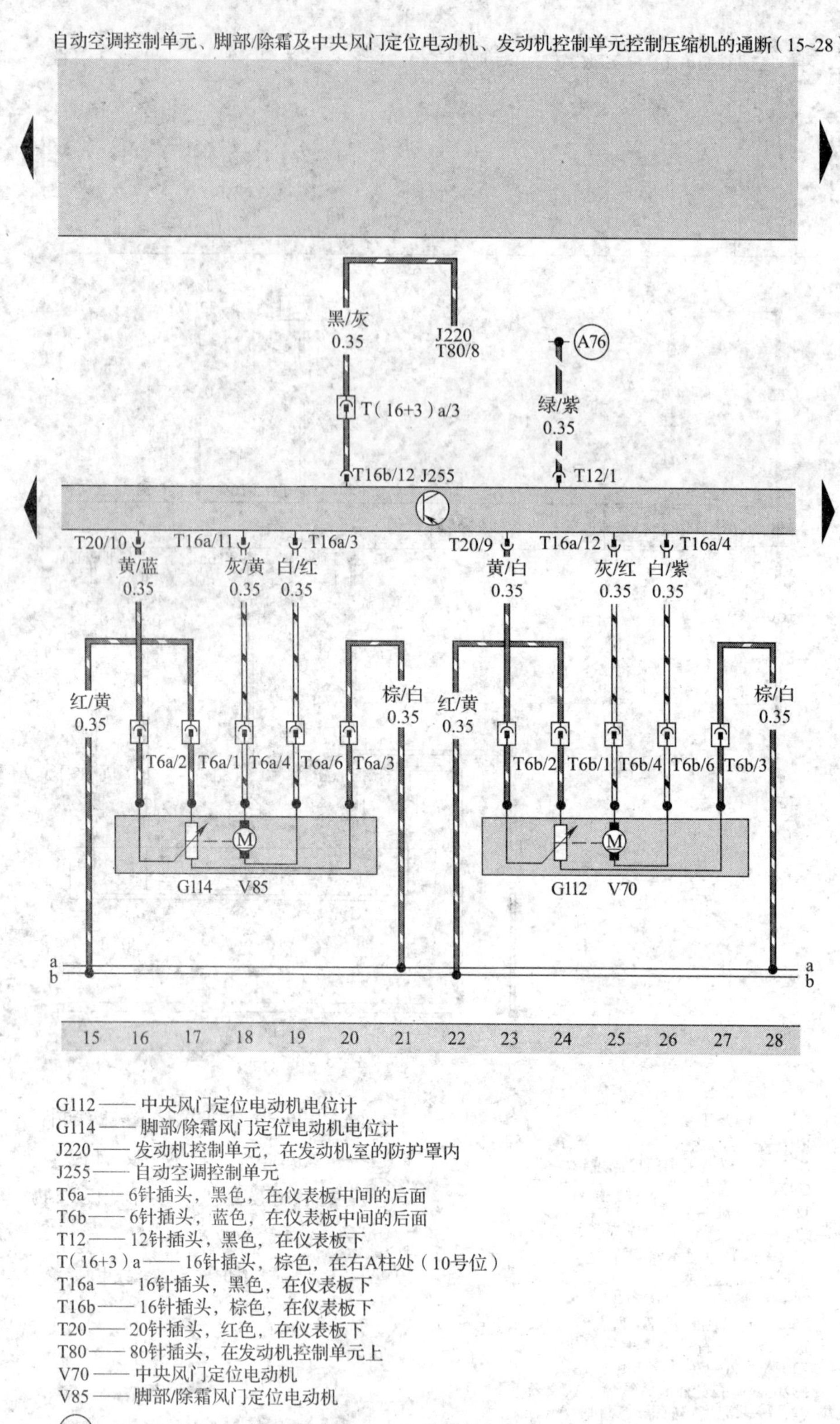


G112—— 中央风门定位电动机电位计
G114—— 脚部/除霜风门定位电动机电位计
J220—— 发动机控制单元，在发动机室的防护罩内
J255—— 自动空调控制单元
T6a—— 6针插头，黑色，在仪表板中间的后面
T6b—— 6针插头，蓝色，在仪表板中间的后面
T12—— 12针插头，黑色，在仪表板下
T（16+3）a—— 16针插头，棕色，在右A柱处（10号位）
T16a—— 16针插头，黑色，在仪表板下
T16b—— 16针插头，棕色，在仪表板下
T20—— 20针插头，红色，在仪表板下
T80—— 80针插头，在发动机控制单元上
V70—— 中央风门定位电动机
V85—— 脚部/除霜风门定位电动机

(A76)—— 连接线（自诊断K线），在仪表板线束内

帕萨特 B5 自动空调系统电路图

自动空调控制单元、送风风门定位电动机、阳光照度传感器、通风温度传感器（29~42）

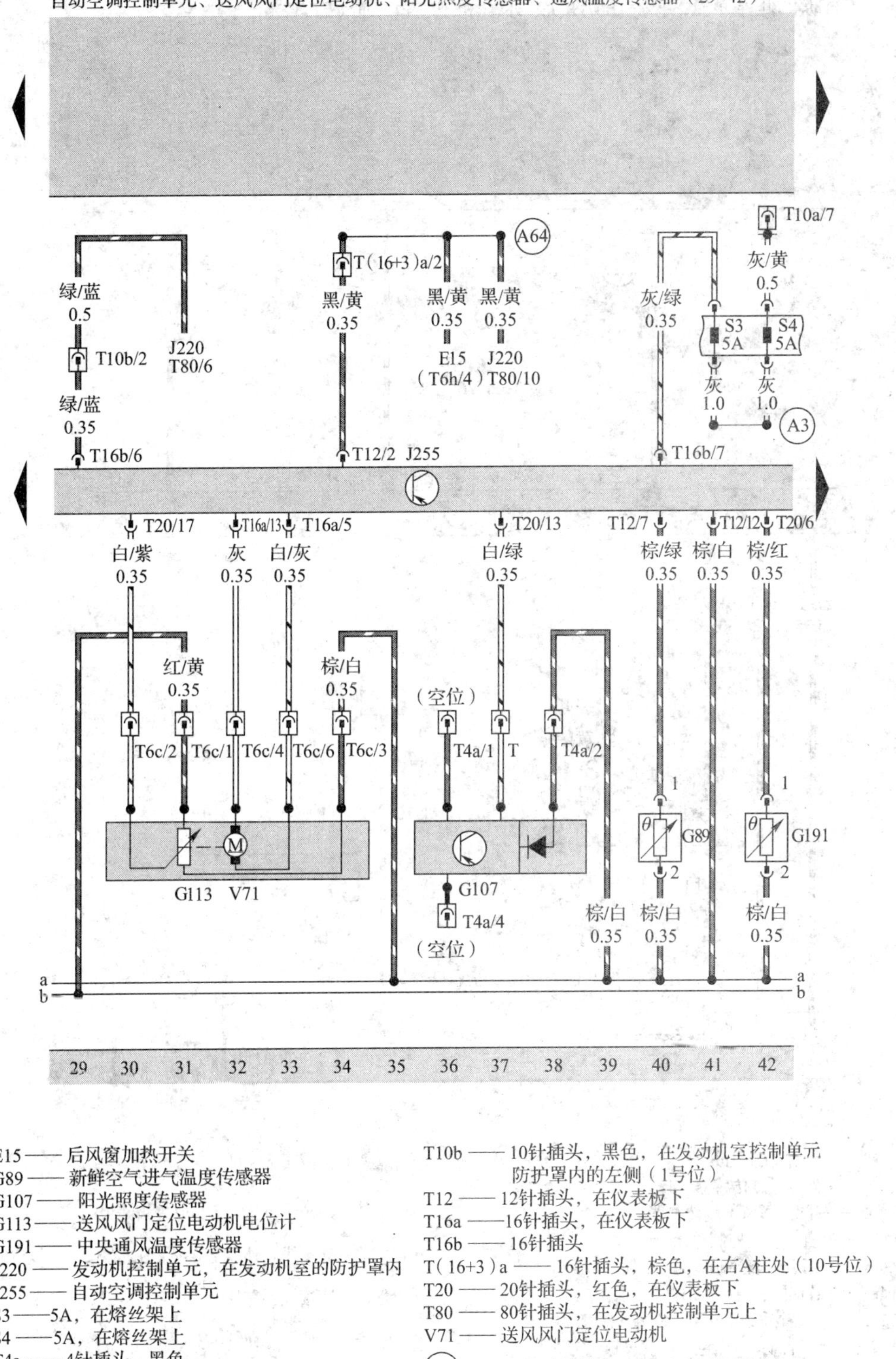


E15 —— 后风窗加热开关
G89 —— 新鲜空气进气温度传感器
G107 —— 阳光照度传感器
G113 —— 送风风门定位电动机电位计
G191 —— 中央通风温度传感器
J220 —— 发动机控制单元，在发动机室的防护罩内
J255 —— 自动空调控制单元
S3 ——5A，在熔丝架上
S4 ——5A，在熔丝架上
T4a —— 4针插头，黑色
T6c —— 6针插头，黑色，在仪表板线束内
T6h —— 6针插头，黑色，在后风窗加热开关上
T10a —— 10针插头，棕色，在A柱处（8号位）
T10b —— 10针插头，黑色，在发动机室控制单元防护罩内的左侧（1号位）
T12 —— 12针插头，在仪表板下
T16a ——16针插头，在仪表板下
T16b —— 16针插头
T（16+3）a —— 16针插头，棕色，在右A柱处（10号位）
T20 —— 20针插头，红色，在仪表板下
T80 —— 80针插头，在发动机控制单元上
V71 —— 送风风门定位电动机
(A3) —— 正极连接线（58），在仪表板线束内
(A64) —— 连接线（怠速控制装置）

帕萨特 B5 自动空调系统电路图

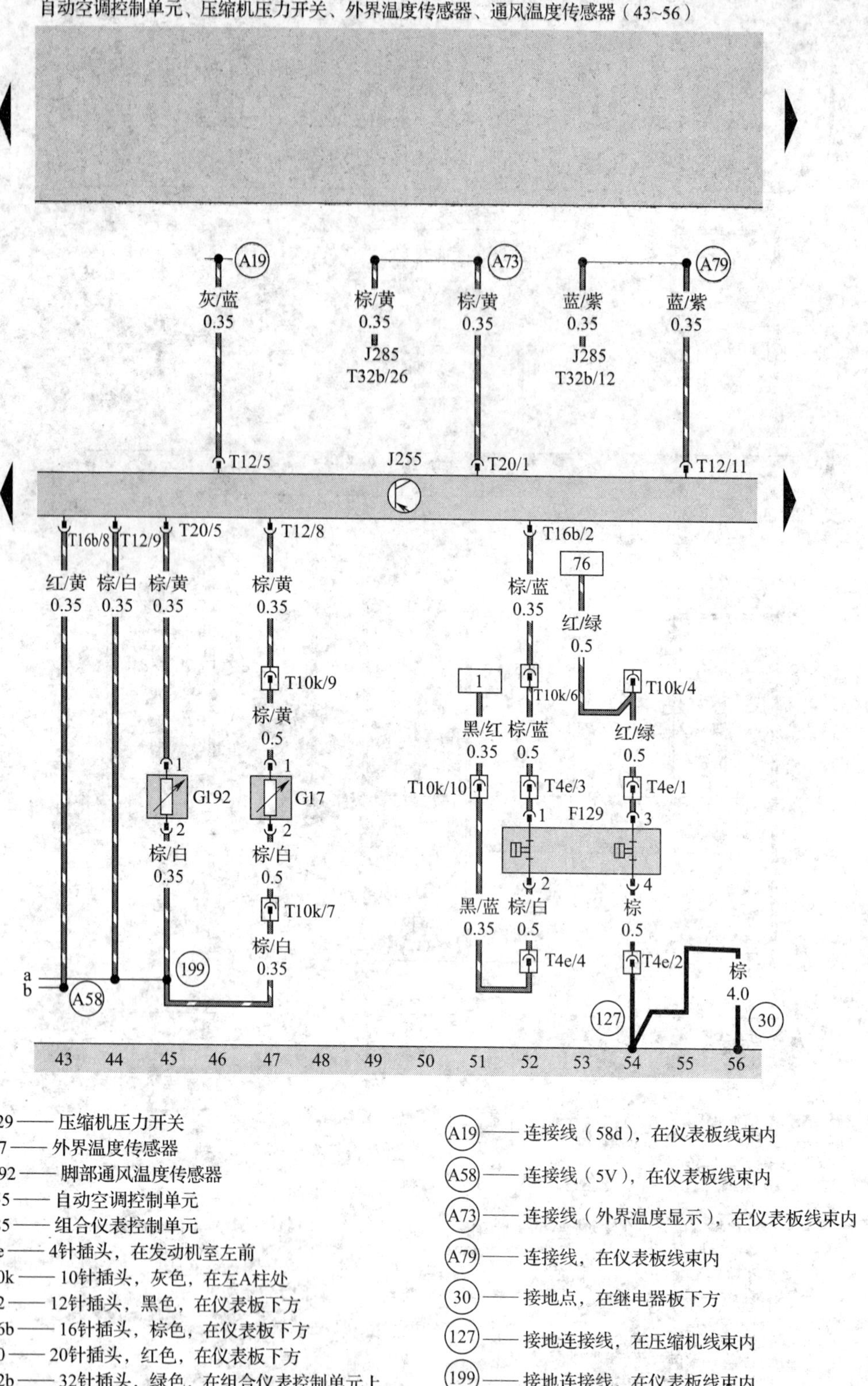


帕萨特 B5 自动空调系统电路图

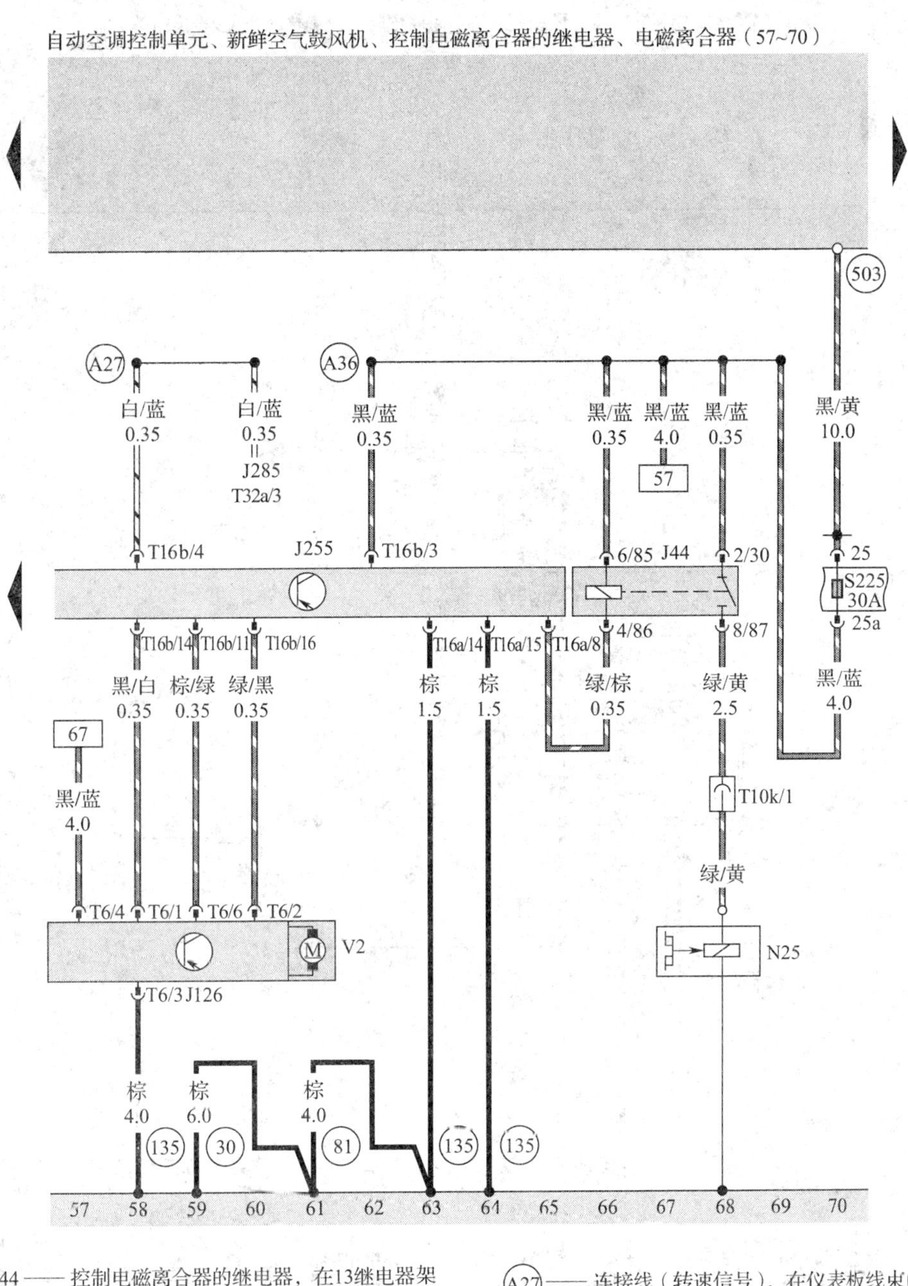


J44 —— 控制电磁离合器的继电器，在13继电器架上的3号位（267继电器）
J126 —— 新鲜空气鼓风机控制器，在仪表板的右后
J255 —— 自动空调控制单元
J285 —— 组合仪表控制单元
N25 —— 电磁离合器
S225 —— 熔丝25，30A，在熔丝架上
T6 —— 6针插头
T10k —— 10针插头，灰色，在左A柱处（14号位）
T16a —— 16针插头
T16b —— 16针插头
T32a —— 32针插头，蓝色，在组合仪表控制单元上
V2 —— 新鲜空气鼓风机

(A27) —— 连接线（转速信号），在仪表板线束内
(A36) —— 正极连接线（75a），在仪表板线束内
(30) —— 接地点，在仪表板左右
(81) —— 接地连接线，在仪表板线束内
(135) —— 接地连接线，在仪表板线束内
(503) —— 正极连接点（75x），在继电器板上

帕萨特 B5 自动空调系统电路图

散热风扇及速度控制继电器、风扇速度调节串联电阻、风扇热敏开关（71~84）

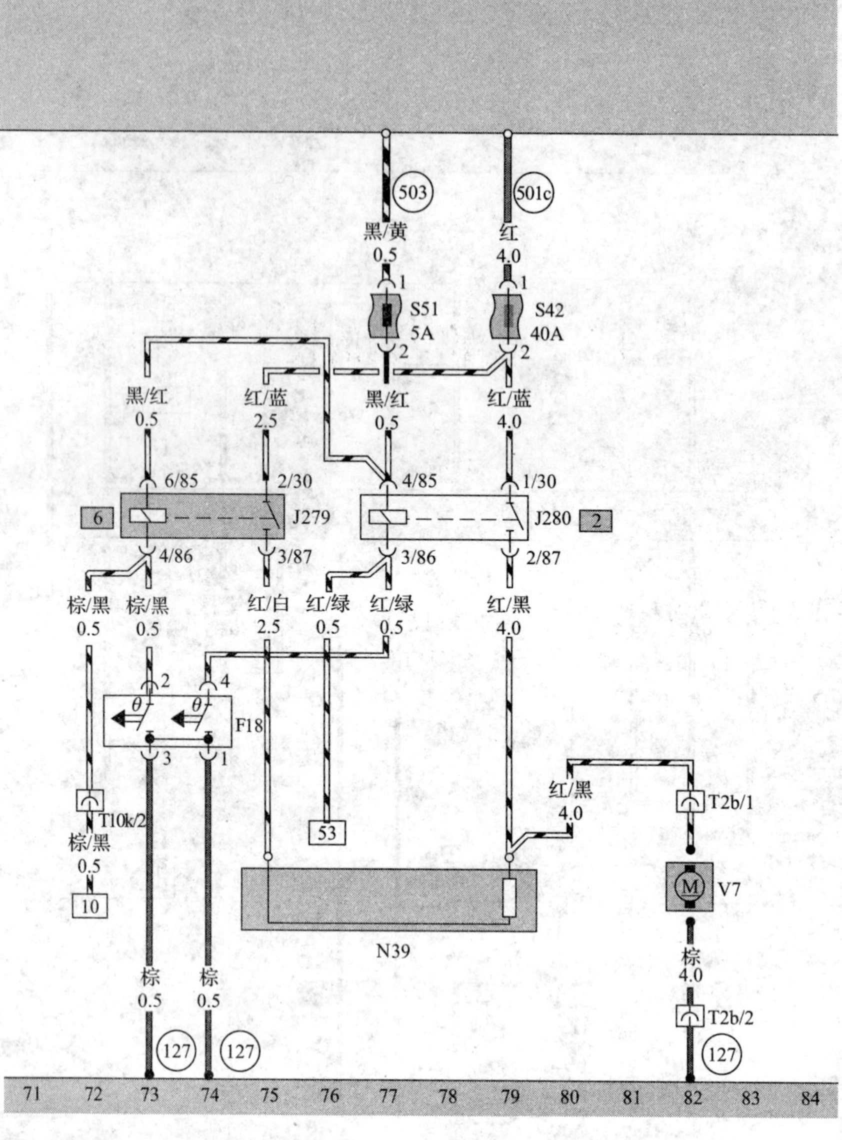


F18——散热风扇热敏开关
J279——散热风扇1挡速度继电器，在附加继电器板上6号位（373继电器）
J280——散热风扇2挡速度继电器，在附加继电器板上2号位（370继电器）
N39——散热风扇速度调节串联电阻
S42——散热风扇熔丝，40A，在附加继电器板上
S51——散热风扇继电器熔丝，5A，在附加继电器板上
T2b——2针插头，在发动机室的左前
T10k——10针插头，灰色，在左A柱处
V7——散热风扇
(127)——接地连接线，在压缩机线束内
(501c)——正极连接点（30b），在继电器板上
(503)——正极连接点（75x），在继电器板上

帕萨特 B5 自动空调系统电路图

(1) 帕萨特 B5 自动空调有______个温度传感器，它们的代号分别为______、______、______、______、______、______。

(2) G17 是___________传感器，用万用表的电阻挡检测 G17 的 1 号脚和 J255 的 T12/8 之间的电阻应小于____ Ω，G17 的 2 号脚和 J255 的______之间的电阻应小于____ Ω，不符应______导线。用万用表的______挡检测其阻值，阻值应随温度的升高而______。

(3) G107 是___________传感器，用万用表的电阻挡检测 G107 的 T4a/3 号脚和 J255 的______之间的电阻应小于 0.5 Ω，G107 的______号脚和 J255 的 T12/12 之间的电阻应小于 0.5 Ω，并检测各接头的绝缘______，不符应更换导线。检测 G107 电阻，一般在强阳光下测量，阻值为____ kΩ；用布遮住阳光照度传感器，阻值为______ kΩ。

(4) 帕萨特 B5 自动空调有______个伺服电动机，它们的代号分别为______、______、______、______。

(5) V70 是_______________电动机，它上面的插头分别是_______和_______。

(6) 假设熔丝 S225 熔断，__________将不工作，致使空调制冷系统______。

17. 执行元件诊断又称为___________诊断，如果空调存在故障，但读不到故障码，建议进行___________诊断。

18. 执行元件诊断必须在电动机______，点火开关打开和空调__________的情况下进行。

19. 自动空调在下列情况下都需进行基本设定：更换空调电子控制单元，并对电子控制单元________后；拆装空调各______________后；拆装__________后；无故障显示，但接通点火开关故障灯闪烁时。

**二、判断题（对的打“√”，错的打“×”）**

1. 自动空调系统可以实现多种出风量的自动控制。 （ ）

2. 自动空调系统采用一般空调系统的基础部件，它与手动空调的主要区别在于能保持驾驶员预先设置的舒适程度。 （ ）

3. 自动空调车内保持的温度和湿度与车外气候条件有关。 （ ）

4. 仪表板温度传感器失灵时，控制与显示单元会假设室内温度为 24℃而应急运行。 （ ）

5. 脚部空间出风口温度传感器失灵，则假设温度为 60℃以下继续运行。 （ ）

6. 空调鼓风机控制装置应防止鼓风机在冷却水温度低于 50℃时运转。 （ ）

7. 汽车行驶速度发生变化时，对空气的分流能力有很大影响，车内新鲜空气的流量发生变化。速度越高，空气流量越小；反之则增大。 （ ）

8. 空调压缩机的冷冻机油应每季检查一次。 （ ）

9. 当车速大于 160 km/h 时，新鲜空气风门伺服电动机 V71 将活门关闭。这时，少量空气通过活门小缺口流入车厢。 （ ）

10. 各传感器的检测数值记录在车辆使用手册上。 （ ）

11. 自动空调执行元件能用诊断仪进行检测。 （ ）

12. 仪表板温度传感器更换后应重新编码并做基本设定。 （ ）

13. 为防止鼓风机控制单元过热，设有过热保护装置，如果超出所限温度，保护电路会

将鼓风机挡位降低。 ( )

14. 在高速行驶时，新鲜空气活门可以阻止一部分空气进入车厢，开启和关闭的程度由驾驶员控制空调面板决定。 ( )

15. 温度风门伺服电动机 V68 的调整范围从“采暖”终端（空气流通过加热器芯）到“制冷”终端（空气流不通过加热器芯），终端位置可在自诊断基本调整程序中调整。 ( )

16. 当外界温度较高或发动机热车时，V70 控制中央风门完全关闭。 ( )

17. 帕萨特 B5 鼓风机的转速控制为无级。 ( )

18. 按下空调控制面板 AUTO 开关，空调电子控制单元即计算出系统所需要的车内出风口的温度，系统会根据电子控制单元计算值驱动伺服电动机设定进气风门的开度。 ( )

19. 在空气内循环模式中，两个活门都处于上部位置，流入新鲜空气的通道被关闭，空调系统只能吸入车厢外空气。 ( )

## 三、选择题

1. 用检测仪读取汽车故障码时，应选择（ ）。

A. 故障诊断　　B. 数据流
C. 执行元件测试　　D. 基本设定

2. 外界温度传感器信号传送给空调 ECU 后，ECU 会（ ）调整各风门的开度。

A. 立即　　B. 定时　　C. 根据程序　　D. 无序

3. 自动空调一般将车内的湿度保持在（ ）。

A. 25% ~35%　　B. 35% ~45%　　C. 45% ~55%　　D. 55% ~65%

4. 如果新鲜空气进气温度传感器和外界温度传感器都损坏，控制单元会假设外界温度为（ ）℃继续运行下去。

A. 10　　B. 15　　C. 18　　D. 20

5. 阳光照度传感器安装在（ ）。

A. 后视镜上　　B. 前挡风玻璃下面
C. 仪表板上　　D. 后窗玻璃上

6. 当压力升高时，空调压力开关 F129 的 3 和 4 之间的开关（ ），使制冷剂风扇 V7 的转速提高到第二挡。

A. 断开　　B. 接通　　C. 不确定　　D. 都可以

7. 当制冷系统压力低于（ ）kPa 时，F129 的 1 和 2 之间的开关断开，从而切断压缩机电磁离合器电路。

A. 200　　B. 240　　C. 320　　D. 280

8. 当发动机及外界温度都很低时，为防止冷空气进入车室内，除处于除霜运行状况鼓风机以高速运转外，鼓风机都为低速运转。空调鼓风机控制装置应防止鼓风机在冷却水温度低于（ ）℃时运转。

A. 40　　B. 50　　C. 60　　D. 70

9. 在外循环模式中，当车速低于（ ）km/h 时，新鲜空气/空气循环活门全开，新鲜空气能够不受阻碍地进入车内。

A. 20　　B. 40　　C. 60　　D. 80

10. 桑塔纳 3000 型自动空调读故障代码，先按下MODE不放，再按下⇧，维持（　　）s 后系统进入自诊断模式。

A. 2　　B. 3　　C. 4　　D. 5

11. 桑塔纳 3000 型自动空调通过面板进入自诊断后，按（　　）则退出自诊断模式，恢复至系统原状态。

A. ✲　　B. AUTO　　C. MODE　　D. 

12. 在进行最终控制诊断时，在 E87 的显示屏上所显示的外界温度至少为（　　）℃。

A. 10　　B. 11　　C. 12　　D. 13

**四、简答题**

1. 简述自动空调系统的优点。

2. 简述阳光照度传感器的功能。

3. 简述中央风门伺服电动机的安装位置及功能。

4．简述外界温度传感器的检测方法。

5．简述执行元件诊断步骤。

## 内容简介

本习题册是全国中等职业技术学校汽车类专业教材《汽车空调》的配套用书。习题册紧扣教学要求，按照教材章节顺序编排，知识点分布均衡，题型丰富多样，难易配置适当，适合学生复习和巩固知识使用。

本书由卫云贵主编，籍银香、傅文超参加编写。

策划编辑／杜庚星
责任编辑／安　波
责任校对／马　维
责任设计／王利民

ISBN 978-7-5167-2684-6

定价：5.00 元

全国中等职业技术学校饭店服务专业

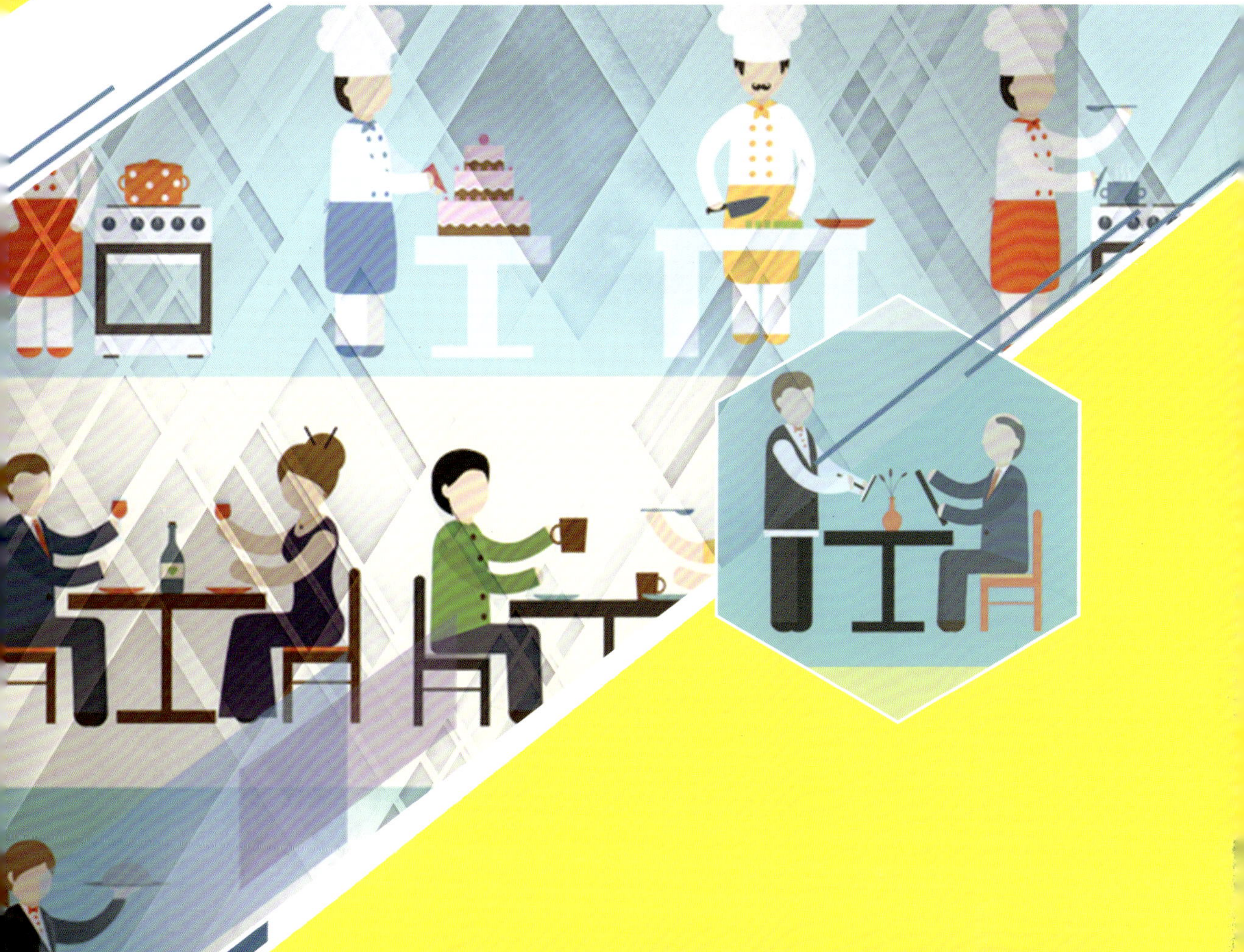

# 客房服务习题册

——与《客房服务（第四版）》配套

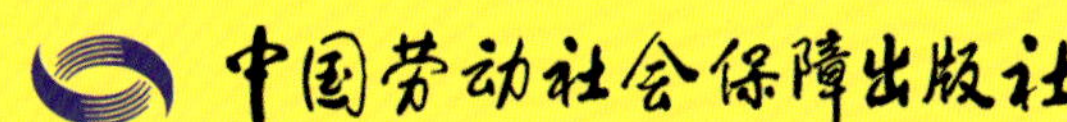